THIS PASSWORD BOOK
BELONGS TO......

NAME: _____

phone: _____

email: _____

address: _____

Notes:

Notes:

PASSWORD LOG ——

⊕ Website	
⋒ Login	
🔒 Password	
✐ Notes	....

⊕ Website	
⋒ Login	
🔒 Password	
✐ Notes	....

⊕ Website	
⋒ Login	
🔒 Password	
✐ Notes	....

⊕ Website	
⋒ Login	
🔒 Password	
✐ Notes	....

PASSWORD LOG ——————

Website	
Login	
Password	
Notes	....

Website	
Login	
Password	
Notes	....

Website	
Login	
Password	
Notes	....

Website	
Login	
Password	
Notes	....

PASSWORD LOG ———

🌐 **Website**	
👤 **Login**	
🔒 **Password**	
📝 **Notes**	

🌐 **Website**	
👤 **Login**	
🔒 **Password**	
📝 **Notes**	

🌐 **Website**	
👤 **Login**	
🔒 **Password**	
📝 **Notes**	

🌐 **Website**	
👤 **Login**	
🔒 **Password**	
📝 **Notes**	

PASSWORD LOG ———

Website	
Login	
Password	
Notes	

Website	
Login	
Password	
Notes	

Website	
Login	
Password	
Notes	

Website	
Login	
Password	
Notes	

PASSWORD LOG —

⊕ Website	
ঽ Login	
🔒 Password	
✎ Notes	

⊕ Website	
ঽ Login	
🔒 Password	
✎ Notes	

⊕ Website	
ঽ Login	
🔒 Password	
✎ Notes	

⊕ Website	
ঽ Login	
🔒 Password	
✎ Notes	

PASSWORD LOG ————

Website	
Login	
Password	
Notes	

Website	
Login	
Password	
Notes	

Website	
Login	
Password	
Notes	

Website	
Login	
Password	
Notes	

PASSWORD LOG ———

🌐 **Website**	
👤 **Login**	
🔒 **Password**	
✏️ **Notes**	

🌐 **Website**	
👤 **Login**	
🔒 **Password**	
✏️ **Notes**	

🌐 **Website**	
👤 **Login**	
🔒 **Password**	
✏️ **Notes**	

🌐 **Website**	
👤 **Login**	
🔒 **Password**	
✏️ **Notes**	

PASSWORD LOG ——

Website	
Login	
Password	
Notes	

Website	
Login	
Password	
Notes	

Website	
Login	
Password	
Notes	

Website	
Login	
Password	
Notes	

PASSWORD LOG ——————

⊕ **Website**	
☺ **Login**	
🔒 **Password**	
✎ **Notes**	

⊕ **Website**	
☺ **Login**	
🔒 **Password**	
✎ **Notes**	

⊕ **Website**	
☺ **Login**	
🔒 **Password**	
✎ **Notes**	

⊕ **Website**	
☺ **Login**	
🔒 **Password**	
✎ **Notes**	

PASSWORD LOG ———

Website	
Login	
Password	
Notes	

Website	
Login	
Password	
Notes	

Website	
Login	
Password	
Notes	

Website	
Login	
Password	
Notes	

PASSWORD LOG ———

🌐 **Website**	
👤 **Login**	
🔒 **Password**	
📝 **Notes**	

🌐 **Website**	
👤 **Login**	
🔒 **Password**	
📝 **Notes**	

🌐 **Website**	
👤 **Login**	
🔒 **Password**	
📝 **Notes**	

🌐 **Website**	
👤 **Login**	
🔒 **Password**	
📝 **Notes**	

PASSWORD LOG ———

Website	
Login	
Password	
Notes	

Website	
Login	
Password	
Notes	

Website	
Login	
Password	
Notes	

Website	
Login	
Password	
Notes	

PASSWORD LOG

🌐 Website	
👤 Login	
🔒 Password	
✏️ Notes	

🌐 Website	
👤 Login	
🔒 Password	
✏️ Notes	

🌐 Website	
👤 Login	
🔒 Password	
✏️ Notes	

🌐 Website	
👤 Login	
🔒 Password	
✏️ Notes	

PASSWORD LOG ———————

Website	
Login	
Password	
Notes	....

Website	
Login	
Password	
Notes	....

Website	
Login	
Password	
Notes	....

Website	
Login	
Password	
Notes	....

PASSWORD LOG ———

⊕ Website	
⚇ Login	
🔒 Password	
✎ Notes	....

⊕ Website	
⚇ Login	
🔒 Password	
✎ Notes	....

⊕ Website	
⚇ Login	
🔒 Password	
✎ Notes	....

⊕ Website	
⚇ Login	
🔒 Password	
✎ Notes	....

PASSWORD LOG ———

Website	
Login	
Password	
Notes	

Website	
Login	
Password	
Notes	

Website	
Login	
Password	
Notes	

Website	
Login	
Password	
Notes	

PASSWORD LOG ——————

⊕ Website	
🗝 Login	
🔒 Password	
🖊 Notes	....

⊕ Website	
🗝 Login	
🔒 Password	
🖊 Notes	....

⊕ Website	
🗝 Login	
🔒 Password	
🖊 Notes	....

⊕ Website	
🗝 Login	
🔒 Password	
🖊 Notes	....

PASSWORD LOG ———

Website	
Login	
Password	
Notes	

Website	
Login	
Password	
Notes	

Website	
Login	
Password	
Notes	

Website	
Login	
Password	
Notes	

PASSWORD LOG ———

🌐 Website	
👤 Login	
🔒 Password	
📝 Notes	

🌐 Website	
👤 Login	
🔒 Password	
📝 Notes	

🌐 Website	
👤 Login	
🔒 Password	
📝 Notes	

🌐 Website	
👤 Login	
🔒 Password	
📝 Notes	

PASSWORD LOG ———————

Website	
Login	
Password	
Notes	

Website	
Login	
Password	
Notes	

Website	
Login	
Password	
Notes	

Website	
Login	
Password	
Notes	

PASSWORD LOG ———

⊕ Website	
ঽ Login	
🔒 Password	
🖊 Notes	

⊕ Website	
ঽ Login	
🔒 Password	
🖊 Notes	

⊕ Website	
ঽ Login	
🔒 Password	
🖊 Notes	

⊕ Website	
ঽ Login	
🔒 Password	
🖊 Notes	

PASSWORD LOG ——————

Website	
Login	
Password	
Notes	

Website	
Login	
Password	
Notes	

Website	
Login	
Password	
Notes	

Website	
Login	
Password	
Notes	

PASSWORD LOG ———

🌐 **Website**	
👤 **Login**	
🔒 **Password**	
✏️ **Notes**	

🌐 **Website**	
👤 **Login**	
🔒 **Password**	
✏️ **Notes**	

🌐 **Website**	
👤 **Login**	
🔒 **Password**	
✏️ **Notes**	

🌐 **Website**	
👤 **Login**	
🔒 **Password**	
✏️ **Notes**	

PASSWORD LOG ———

Website	Google
Login	Carol.Campbell1960@gmail.com
Password	
Notes	

Website	
Login	
Password	
Notes	

Website	
Login	
Password	
Notes	

Website	
Login	
Password	
Notes	

PASSWORD LOG ———

🌐 **Website**	
👤 **Login**	
🔒 **Password**	
✎ **Notes**	

🌐 **Website**	
👤 **Login**	
🔒 **Password**	
✎ **Notes**	

🌐 **Website**	
👤 **Login**	
🔒 **Password**	
✎ **Notes**	

🌐 **Website**	
👤 **Login**	
🔒 **Password**	
✎ **Notes**	

PASSWORD LOG ———

Website	
Login	
Password	
Notes	

Website	
Login	
Password	
Notes	

Website	
Login	
Password	
Notes	

Website	
Login	
Password	
Notes	

PASSWORD LOG ———

⊕ Website	
⚇ Login	
🔒 Password	
✎ Notes	

⊕ Website	
⚇ Login	
🔒 Password	
✎ Notes	

⊕ Website	
⚇ Login	
🔒 Password	
✎ Notes	

⊕ Website	
⚇ Login	
🔒 Password	
✎ Notes	

PASSWORD LOG ———

Website	
Login	
Password	
Notes	

Website	
Login	
Password	
Notes	

Website	
Login	
Password	
Notes	

Website	
Login	
Password	
Notes	

PASSWORD LOG ———

🌐 **Website**	
👤 **Login**	
🔒 **Password**	
✏️ **Notes**	

🌐 **Website**	
👤 **Login**	
🔒 **Password**	
✏️ **Notes**	

🌐 **Website**	
👤 **Login**	
🔒 **Password**	
✏️ **Notes**	

🌐 **Website**	
👤 **Login**	
🔒 **Password**	
✏️ **Notes**	

PASSWORD LOG ———

Website	
Login	
Password	
Notes	

Website	
Login	
Password	
Notes	

Website	
Login	
Password	
Notes	

Website	
Login	
Password	
Notes	

PASSWORD LOG ——————

⊕ **Website**	
👤 **Login**	
🔒 **Password**	
✏️ **Notes**	

⊕ **Website**	
👤 **Login**	
🔒 **Password**	
✏️ **Notes**	

⊕ **Website**	
👤 **Login**	
🔒 **Password**	
✏️ **Notes**	

⊕ **Website**	
👤 **Login**	
🔒 **Password**	
✏️ **Notes**	

PASSWORD LOG

Website	
Login	
Password	
Notes	

Website	
Login	
Password	
Notes	

Website	
Login	
Password	
Notes	

Website	
Login	
Password	
Notes	

⊕ Website	
⧋ Login	
🔒 Password	
✎ Notes	....

⊕ Website	
⧋ Login	
🔒 Password	
✎ Notes	....

⊕ Website	
⧋ Login	
🔒 Password	
✎ Notes	....

⊕ Website	
⧋ Login	
🔒 Password	
✎ Notes	....

PASSWORD LOG ——————

Website	
Login	
Password	
Notes	

Website	
Login	
Password	
Notes	

Website	
Login	
Password	
Notes	

Website	
Login	
Password	
Notes	

⊕ Website	
🔑 **Login**	
🔒 **Password**	
✏️ **Notes**	

⊕ Website	
🔑 **Login**	
🔒 **Password**	
✏️ **Notes**	

⊕ Website	
🔑 **Login**	
🔒 **Password**	
✏️ **Notes**	

⊕ Website	
🔑 **Login**	
🔒 **Password**	
✏️ **Notes**	

PASSWORD LOG ——————

Website	
Login	
Password	
Notes	....

Website	
Login	
Password	
Notes	....

Website	
Login	
Password	
Notes	....

Website	
Login	
Password	
Notes	....

🌐 Website	
👤 Login	
🔒 Password	
✏️ Notes	

🌐 Website	
👤 Login	
🔒 Password	
✏️ Notes	

🌐 Website	
👤 Login	
🔒 Password	
✏️ Notes	

🌐 Website	
👤 Login	
🔒 Password	
✏️ Notes	

PASSWORD LOG ———

Website	
Login	
Password	
Notes	

Website	
Login	
Password	
Notes	

Website	
Login	
Password	
Notes	

Website	
Login	
Password	
Notes	

PASSWORD LOG ———

⊕ Website	
⦸ Login	
🔒 Password	
✐ Notes	

⊕ Website	
⦸ Login	
🔒 Password	
✐ Notes	

⊕ Website	
⦸ Login	
🔒 Password	
✐ Notes	

⊕ Website	
⦸ Login	
🔒 Password	
✐ Notes	

PASSWORD LOG ———

Website	
Login	
Password	
Notes	

Website	
Login	
Password	
Notes	

Website	
Login	
Password	
Notes	

Website	
Login	
Password	
Notes	

PASSWORD LOG ——————

🌐 **Website**	
👤 **Login**	
🔒 **Password**	
✏️ **Notes**	

🌐 **Website**	
👤 **Login**	
🔒 **Password**	
✏️ **Notes**	

🌐 **Website**	
👤 **Login**	
🔒 **Password**	
✏️ **Notes**	

🌐 **Website**	
👤 **Login**	
🔒 **Password**	
✏️ **Notes**	

PASSWORD LOG ——————

Website	
Login	
Password	
Notes	

Website	
Login	
Password	
Notes	

Website	
Login	
Password	
Notes	

Website	
Login	
Password	
Notes	

PASSWORD LOG ———————

⊕ Website	
প Login	
🔒 Password	
🖉 Notes	....
	....

⊕ Website	
প Login	
🔒 Password	
🖉 Notes	....
	....

⊕ Website	
প Login	
🔒 Password	
🖉 Notes	....
	....

⊕ Website	
প Login	
🔒 Password	
🖉 Notes	....
	....

PASSWORD LOG ———————

Website	
Login	
Password	
Notes	

Website	
Login	
Password	
Notes	

Website	
Login	
Password	
Notes	

Website	
Login	
Password	
Notes	

PASSWORD LOG

⊕ Website	
𐓘 Login	
🔒 Password	
✎ Notes	

⊕ Website	
𐓘 Login	
🔒 Password	
✎ Notes	

⊕ Website	
𐓘 Login	
🔒 Password	
✎ Notes	

⊕ Website	
𐓘 Login	
🔒 Password	
✎ Notes	

PASSWORD LOG ———————

Website	
Login	
Password	
Notes	....

Website	
Login	
Password	
Notes	....

Website	
Login	
Password	
Notes	....

Website	
Login	
Password	
Notes	....

PASSWORD LOG

⊕ **Website**	
👤 **Login**	
🔒 **Password**	
✍ **Notes**	

⊕ **Website**	
👤 **Login**	
🔒 **Password**	
✍ **Notes**	

⊕ **Website**	
👤 **Login**	
🔒 **Password**	
✍ **Notes**	

⊕ **Website**	
👤 **Login**	
🔒 **Password**	
✍ **Notes**	

PASSWORD LOG ——————

Website	
Login	
Password	
Notes	

Website	
Login	
Password	
Notes	

Website	
Login	
Password	
Notes	

Website	
Login	
Password	
Notes	

PASSWORD LOG ———

🌐 **Website**	
👤 **Login**	
🔒 **Password**	
✏️ **Notes**	

🌐 **Website**	
👤 **Login**	
🔒 **Password**	
✏️ **Notes**	

🌐 **Website**	
👤 **Login**	
🔒 **Password**	
✏️ **Notes**	

🌐 **Website**	
👤 **Login**	
🔒 **Password**	
✏️ **Notes**	

PASSWORD LOG ——————

Website	
Login	
Password	
Notes	

Website	
Login	
Password	
Notes	

Website	
Login	
Password	
Notes	

Website	
Login	
Password	
Notes	

N

PASSWORD LOG ———

⊕ Website	
👤 Login	
🔒 Password	
📝 Notes	

⊕ Website	
👤 Login	
🔒 Password	
📝 Notes	

⊕ Website	
👤 Login	
🔒 Password	
📝 Notes	

⊕ Website	
👤 Login	
🔒 Password	
📝 Notes	

PASSWORD LOG ———————

Website	
Login	
Password	
Notes	

Website	
Login	
Password	
Notes	

Website	
Login	
Password	
Notes	

Website	
Login	
Password	
Notes	

N

🌐 Website	
👤 Login	
🔒 Password	
📝 Notes	....

🌐 Website	
👤 Login	
🔒 Password	
📝 Notes	....

🌐 Website	
👤 Login	
🔒 Password	
📝 Notes	....

🌐 Website	
👤 Login	
🔒 Password	
📝 Notes	....

PASSWORD LOG ───────

Website	
Login	
Password	
Notes	

Website	
Login	
Password	
Notes	

Website	
Login	
Password	
Notes	

Website	
Login	
Password	
Notes	

PASSWORD LOG

⊕ Website	
👤 Login	
🔒 Password	
📝 Notes	

⊕ Website	
👤 Login	
🔒 Password	
📝 Notes	

⊕ Website	
👤 Login	
🔒 Password	
📝 Notes	

⊕ Website	
👤 Login	
🔒 Password	
📝 Notes	

PASSWORD LOG ———

Website	
Login	
Password	
Notes	

Website	
Login	
Password	
Notes	

Website	
Login	
Password	
Notes	

Website	
Login	
Password	
Notes	

⊕ Website	
👤 Login	
🔒 Password	
✏️ Notes	

⊕ Website	
👤 Login	
🔒 Password	
✏️ Notes	

⊕ Website	
👤 Login	
🔒 Password	
✏️ Notes	

⊕ Website	
👤 Login	
🔒 Password	
✏️ Notes	

PASSWORD LOG ———————

Website	
Login	
Password	
Notes	

Website	
Login	
Password	
Notes	

Website	
Login	
Password	
Notes	

Website	
Login	
Password	
Notes	

P

⊕ Website	
🧑 Login	
🔒 Password	
📝 Notes	

⊕ Website	
🧑 Login	
🔒 Password	
📝 Notes	

⊕ Website	
🧑 Login	
🔒 Password	
📝 Notes	

⊕ Website	
🧑 Login	
🔒 Password	
📝 Notes	

PASSWORD LOG ———————

Website	
Login	
Password	
Notes	

Website	
Login	
Password	
Notes	

Website	
Login	
Password	
Notes	

Website	
Login	
Password	
Notes	

P

⊕ Website	
⚇ Login	
🔒 Password	
✎ Notes	

⊕ Website	
⚇ Login	
🔒 Password	
✎ Notes	

⊕ Website	
⚇ Login	
🔒 Password	
✎ Notes	

⊕ Website	
⚇ Login	
🔒 Password	
✎ Notes	

PASSWORD LOG ———

Website	
Login	
Password	
Notes	

Website	
Login	
Password	
Notes	

Website	
Login	
Password	
Notes	

Website	
Login	
Password	
Notes	

⊕ Website	
🔒 Login	
🔒 Password	
✎ Notes	

⊕ Website	
🔒 Login	
🔒 Password	
✎ Notes	

⊕ Website	
🔒 Login	
🔒 Password	
✎ Notes	

⊕ Website	
🔒 Login	
🔒 Password	
✎ Notes	

PASSWORD LOG ———————

Website	
Login	
Password	
Notes	

Website	
Login	
Password	
Notes	

Website	
Login	
Password	
Notes	

Website	
Login	
Password	
Notes	

PASSWORD LOG ——————

🌐 Website	
👤 Login	
🔒 Password	
✏️ Notes	....

🌐 Website	
👤 Login	
🔒 Password	
✏️ Notes	....

🌐 Website	
👤 Login	
🔒 Password	
✏️ Notes	....

🌐 Website	
👤 Login	
🔒 Password	
✏️ Notes	....

PASSWORD LOG ——————

Website	
Login	
Password	
Notes	

Website	
Login	
Password	
Notes	

Website	
Login	
Password	
Notes	

Website	
Login	
Password	
Notes	

PASSWORD LOG ——————

🌐 **Website**	
👤 **Login**	
🔒 **Password**	
✎ **Notes**	

🌐 **Website**	
👤 **Login**	
🔒 **Password**	
✎ **Notes**	

🌐 **Website**	
👤 **Login**	
🔒 **Password**	
✎ **Notes**	

🌐 **Website**	
👤 **Login**	
🔒 **Password**	
✎ **Notes**	

PASSWORD LOG —————

Website	
Login	
Password	
Notes	

Website	
Login	
Password	
Notes	

Website	
Login	
Password	
Notes	

Website	
Login	
Password	
Notes	

PASSWORD LOG

🌐 **Website**	
👤 **Login**	
🔒 **Password**	
✏️ **Notes**	

🌐 **Website**	
👤 **Login**	
🔒 **Password**	
✏️ **Notes**	

🌐 **Website**	
👤 **Login**	
🔒 **Password**	
✏️ **Notes**	

🌐 **Website**	
👤 **Login**	
🔒 **Password**	
✏️ **Notes**	

PASSWORD LOG ——————

Website	
Login	
Password	
Notes	

Website	
Login	
Password	
Notes	

Website	
Login	
Password	
Notes	

Website	
Login	
Password	
Notes	

PASSWORD LOG ———

🌐 **Website**	
👤 **Login**	
🔒 **Password**	
✐ **Notes**	....

🌐 **Website**	
👤 **Login**	
🔒 **Password**	
✐ **Notes**	....

🌐 **Website**	
👤 **Login**	
🔒 **Password**	
✐ **Notes**	....

🌐 **Website**	
👤 **Login**	
🔒 **Password**	
✐ **Notes**	....

PASSWORD LOG ——————

Website	
Login	
Password	
Notes	

Website	
Login	
Password	
Notes	

Website	
Login	
Password	
Notes	

Website	
Login	
Password	
Notes	

PASSWORD LOG ——————

🌐 **Website**	
👤 **Login**	
🔒 **Password**	
✍️ **Notes**	

🌐 **Website**	
👤 **Login**	
🔒 **Password**	
✍️ **Notes**	

🌐 **Website**	
👤 **Login**	
🔒 **Password**	
✍️ **Notes**	

🌐 **Website**	
👤 **Login**	
🔒 **Password**	
✍️ **Notes**	

Website	
Login	
Password	
Notes	

Website	
Login	
Password	
Notes	

Website	
Login	
Password	
Notes	

Website	
Login	
Password	
Notes	

PASSWORD LOG ———

🌐 Website	
👤 Login	
🔒 Password	
🖊 Notes	

🌐 Website	
👤 Login	
🔒 Password	
🖊 Notes	

🌐 Website	
👤 Login	
🔒 Password	
🖊 Notes	

🌐 Website	
👤 Login	
🔒 Password	
🖊 Notes	

PASSWORD LOG ——————

Website	
Login	
Password	
Notes	

Website	
Login	
Password	
Notes	

Website	
Login	
Password	
Notes	

Website	
Login	
Password	
Notes	

PASSWORD LOG ———

⊕ Website	
👤 Login	
🔒 Password	
✎ Notes	

⊕ Website	
👤 Login	
🔒 Password	
✎ Notes	

⊕ Website	
👤 Login	
🔒 Password	
✎ Notes	

⊕ Website	
👤 Login	
🔒 Password	
✎ Notes	

PASSWORD LOG ———

Website	
Login	
Password	
Notes	

Website	
Login	
Password	
Notes	

Website	
Login	
Password	
Notes	

Website	
Login	
Password	
Notes	

PASSWORD LOG ────

⊕ Website	
🔏 Login	
🔒 Password	
✎ Notes	

⊕ Website	
🔏 Login	
🔒 Password	
✎ Notes	

⊕ Website	
🔏 Login	
🔒 Password	
✎ Notes	

⊕ Website	
🔏 Login	
🔒 Password	
✎ Notes	

PASSWORD LOG ———————

Website	
Login	
Password	
Notes	

Website	
Login	
Password	
Notes	

Website	
Login	
Password	
Notes	

Website	
Login	
Password	
Notes	

PASSWORD LOG ─────────

⊕ **Website**	
ஃ **Login**	
🔒 **Password**	
✎ **Notes**	

⊕ **Website**	
ஃ **Login**	
🔒 **Password**	
✎ **Notes**	

⊕ **Website**	
ஃ **Login**	
🔒 **Password**	
✎ **Notes**	

⊕ **Website**	
ஃ **Login**	
🔒 **Password**	
✎ **Notes**	

PASSWORD LOG ———

Website	
Login	
Password	
Notes	

Website	
Login	
Password	
Notes	

Website	
Login	
Password	
Notes	

Website	
Login	
Password	
Notes	

🌐 **Website**	VIRGIN BROADBAND
👤 **Login**	
🔒 **Password**	Pm9yshjb2dgr
✏️ **Notes**	network ✗ Vm6009196

🌐 **Website**	
👤 **Login**	
🔒 **Password**	
✏️ **Notes**	

🌐 **Website**	
👤 **Login**	
🔒 **Password**	
✏️ **Notes**	

🌐 **Website**	
👤 **Login**	
🔒 **Password**	
✏️ **Notes**	

PASSWORD LOG ——————

Website	
Login	
Password	
Notes	

Website	
Login	
Password	
Notes	

Website	
Login	
Password	
Notes	

Website	
Login	
Password	
Notes	

PASSWORD LOG —————

⊕ **Website**	
⚲ **Login**	
🔒 **Password**	
✎ **Notes**	

⊕ **Website**	
⚲ **Login**	
🔒 **Password**	
✎ **Notes**	

⊕ **Website**	
⚲ **Login**	
🔒 **Password**	
✎ **Notes**	

⊕ **Website**	
⚲ **Login**	
🔒 **Password**	
✎ **Notes**	

PASSWORD LOG ——————

Website	
Login	
Password	
Notes	

Website	
Login	
Password	
Notes	

Website	
Login	
Password	
Notes	

Website	
Login	
Password	
Notes	

PASSWORD LOG ———

⊕ Website	
ஃ Login	
🔒 Password	
✐ Notes	

⊕ Website	
ஃ Login	
🔒 Password	
✐ Notes	

⊕ Website	
ஃ Login	
🔒 Password	
✐ Notes	

⊕ Website	
ஃ Login	
🔒 Password	
✐ Notes	

PASSWORD LOG ─────

Website	
Login	
Password	
Notes	

Website	
Login	
Password	
Notes	

Website	
Login	
Password	
Notes	

Website	
Login	
Password	
Notes	

PASSWORD LOG

🌐 Website	
👤 Login	
🔒 Password	
✏️ Notes	

🌐 Website	
👤 Login	
🔒 Password	
✏️ Notes	

🌐 Website	
👤 Login	
🔒 Password	
✏️ Notes	

🌐 Website	
👤 Login	
🔒 Password	
✏️ Notes	

PASSWORD LOG ———————

Website	
Login	
Password	
Notes	

Website	
Login	
Password	
Notes	

Website	
Login	
Password	
Notes	

Website	
Login	
Password	
Notes	

PASSWORD LOG ——————

🌐 Website	
👤 Login	
🔒 Password	
🖊 Notes	

🌐 Website	
👤 Login	
🔒 Password	
🖊 Notes	

🌐 Website	
👤 Login	
🔒 Password	
🖊 Notes	

🌐 Website	
👤 Login	
🔒 Password	
🖊 Notes	

PASSWORD LOG ————

Website	
Login	
Password	
Notes	

Website	
Login	
Password	
Notes	

Website	
Login	
Password	
Notes	

Website	
Login	
Password	
Notes	

PASSWORD LOG ———

🌐 **Website**	
👤 **Login**	
🔒 **Password**	
✏️ **Notes**	

🌐 **Website**	
👤 **Login**	
🔒 **Password**	
✏️ **Notes**	

🌐 **Website**	
👤 **Login**	
🔒 **Password**	
✏️ **Notes**	

🌐 **Website**	
👤 **Login**	
🔒 **Password**	
✏️ **Notes**	

PASSWORD LOG ———————

Website	
Login	
Password	
Notes	

Website	
Login	
Password	
Notes	

Website	
Login	
Password	
Notes	

Website	
Login	
Password	
Notes	

PASSWORD LOG ──────

⊕ Website	
👤 Login	
🔒 Password	
📝 Notes	

⊕ Website	
👤 Login	
🔒 Password	
📝 Notes	

⊕ Website	
👤 Login	
🔒 Password	
📝 Notes	

⊕ Website	
👤 Login	
🔒 Password	
📝 Notes	

PASSWORD LOG ——————

Website	
Login	
Password	
Notes	

Website	
Login	
Password	
Notes	

Website	
Login	
Password	
Notes	

Website	
Login	
Password	
Notes	

PASSWORD LOG ——————

⊕ **Website**	
&ⱽ **Login**	
🔒 **Password**	
✎ **Notes**	....

⊕ **Website**	
&ⱽ **Login**	
🔒 **Password**	
✎ **Notes**	....

⊕ **Website**	
&ⱽ **Login**	
🔒 **Password**	
✎ **Notes**	....

⊕ **Website**	
&ⱽ **Login**	
🔒 **Password**	
✎ **Notes**	....

Printed in Great Britain
by Amazon